Kurt Wünsch

Halle (Saale)

... DREIMAL HINGESCHAUT
(Three Times Look)

Eine fotografische Gegenüberstellung mit Geschichten aus einer 1200 Jahre alten Stadt

damals ...

gestern ...

und heute ...

HERKULES VERLAG

Der Autor dankt Harry Bornschein und Uwe Hoffmann für ihre fachliche Unterstützung.

Foto-Nachweise
Archiv Ziegler
Herkules Verlag
H. Bornschein
U. Hoffmann
K. Wünsch
Stadt Halle

2. Auflage 2008

Druck und buchbinderische Verarbeitung:
Druckerei Steinmeier GmbH, Nördlingen

34128 Kassel, Richard-Strauß-Straße 33, Tel. (0561) 9 37 17 38
www.Herkules-Verlag.de
ISBN: 3-937924-23-X

Ein Wort im Voraus

„Von diesen Städten wird bleiben, der durch sie hindurch ging, der Wind“.

Als Brecht so düster prophezeite, hatte er nicht mit Denkmalschützern gerechnet und noch weniger mit Malern und Fotografen. So hat auch in Halle manches aus alten Zeiten nicht der Wind verweht und noch mehr ist auf Bildern festgehalten worden. Was aber in einer Stadt bleibt, fällt oder aufgebaut wird, hängt immer von ihrer wirtschaftlichen, kulturellen, vor allem aber politischen Bedeutung ab.

Im Jahre 1680, nach dem Tod des Administrators Herzog August von Sachsen, fiel Halle vertragsgemäß an Kurbrandenburg. Später wurde es preußische Provinz, unterbrochen von der „Franzosenzeit“, als Stadt im Königreich Westfalen.

Hauptstadtträume Halles erfüllten sich am 16. Juli 1945. Der oberste Chef der Sowjetischen Militär-Administration, Marschall Shukow, bestätigte an diesem Tag Halle als Sitz der Provinzialverwaltung. Am 25. Juli 1952 tagte der Landtag des Landes Sachsen-Anhalt zum letzten Mal. Unsere Stadt durfte sich danach nur noch Bezirkshauptstadt nennen.

Halles jüngster Höhenflugversuch – Europäische Kulturhauptstadt – endete bereits in der ersten Auswahlrunde 2005.

Immerhin, so ein Jury-Mitglied, sei bei der Entscheidung „Viel über Halle gesprochen worden“. Leider verriet er nicht, was dabei zur Sprache kam.

Trotzdem: Halle ist eine liebenswerte Stadt, die sich weiter entwickeln und sicher auch weiter verändern wird.

Whatever remains, falls or is rebuilt in a city, always depends on its commercial, cultural, and especially political significance.
All in all, Magdeburg was always ahead of Halle when it came to main city grandness.
All this began in 961 when Otto I. gave the church of „Gau Neletici“ to the family cloister of the „Ottonen“ (a noblemen's family) as a present, and elevated Magdeburg to a political and administrative center. This ended on October 28, 1990, where in Dessau Magdeburg was returned to the capital city of Saxony-Anhalt.
Halle is a lovely town which will develop further and will certainly continue to change.

„Halle verändert“

Das Sprungbrett „Halle verändert“ war wohl zu kurz, und der Babel-Turm, u.a. biblisches Symbol des Größenwahns der Menschen, wuchs auch in Halle nicht bis in den Himmel.
Aber verändert hat sich die Stadt immerfort und tut es auch heute noch. Sensationell schnell, was ihr Alter betrifft.
1961 wurde sie, bezogen auf die Gabe Otto I., 1000 Jahre alt und nun feiert sie 2006 ihren 1200-sten Geburtstag! 806 hatte nämlich Frankenkaiser Karl ein Kastell „ad locum qui vocatur Halla“ (bei einem Ort, der Halle genannt wird) anlegen lassen.

Archäologen förderten an der Nordost-Ecke des Marktes 2003 u.a. einen ungewöhnlich großen Rinderknochen, ein Tonsieb zur Quarkherstellung und eine Briquetage (Salzgewinnung) an das Licht des Tages.
Urteil der Experten: Halle war schon vor 2000 Jahren so bedeutend, dass die Stadt ins „Handelsregister“ Roms aufgenommen wurde. Wie wär’s mit einer 2000-er Feier vielleicht 2008? Es gibt noch genug zu tun.

Whatever remains, falls or is rebuilt in a city, always depends on its commercial, cultural, and especially political significance.
All in all, Mandeburg was always ahead of Halle when it came to main city grandness.
All this began in 961 when Otto I. gave the church of „Gau Neletici“ to the family cloister of the „Ottonen“ (a noblemen‘s family) as a present, and elevated Magdeburg to a political and administrative center. This ended on October 28, 1990, where in Dessau Magdeburg was returned to the capital city of Saxony-Anhalt and the delegates of Halle left the hall with long faces.
And in spite of it all, the people of Halle accepted their destiny, and developed the city, even without becoming the capital city of Saxony-Anhalt.

Ankunft Halle (Saale) – Hauptbahnhof

Das Schönste an Halle – nach Überzeugung weitgereister Leute, sofern sie sich nicht genieren, diesen alten Witz anzubringen – sei jedoch Halles Hauptbahnhof, der infolge seiner Eigenschaft als wichtiger Eisenbahnknotenpunkt eine ideale Gelegenheit biete, diese Stadt nach allen Himmelsrichtungen hin zu verlassen."
(Curt Götz in „Die Memoiren des Peterhans von Binningen")

Gepäckträger am Bahnhof in den 30er Jahren

„Many well traveled people are convinced (...) that the most beautiful part of Halle is the main railroad station. Based on its unique location as an important rail hub it ideally allowes to leave this town in all directions", says Curt Götz.

Der Schauspieler und Komödiendichter Curt Götz (1888–1960) spottet nicht nur in seinem berüchtigten Bahnhofszitat über Halle. Deshalb gibt es in der Stadt zwar eine Götzstraße, die aber gedenkt dem Lyriker Johannes Nicolaus Götz (1721–1781). Eine kleine Rache der Halllenser?

Wer heute aus einem Zug im Hauptbahnhof Halle steigt und sich erinnert, dem fallen die Veränderungen gleich haufenweise auf.
Wurde der Reisende vor 15 oder 20 Jahren so freundlich in der Universitätsstadt begrüßt? Und umgekehrt: Konnte man immer von hier aus fahren, wohin einem der Sinn stand? Vor dem 23. Juli 1840 sowieso nicht.
An diesem Tag keuchte die erste Eisenbahn von Halle in Richtung Magdeburg, und am 18. August desselben Jahres folgte Leipzig als Ziel. Halle zwischen Magdeburg und Leipzig – immer schon Schicksal und Chance unserer Stadt.

Bahnhofsvorplatz 1907

Ein richtiges Bahnhofsgebäude empfing die Reisenden erst 1847. Es wurde von der Thüringer Baugesellschaft errichtet. Flugs nannten die Hallenser den Bahnhof „Thüringer“, und die benachbarte Straße wurde bis heute zur Thüringerstraße.
Seit 1840 sind unzählige Reisende in Halle ein- oder ausgestiegen, erwartungsvoll, erfreut aufatmend, nachdenklich, fluchend über Verspätungen.

Bahnhofsvorplatz Anfang der 70er Jahre

Wer am 14.12. 2003 kurz vor 12 Uhr nach Berlin wollte, musste pünktlich sein.
Exakt um 11.56 Uhr setzte sich Halles Oberbürgermeisterin entschlossen die rote Mütze auf und gab das Abfahrtssignal für den ersten ICE, der in Halle gehalten hatte.
Der Umbau des Bahnhofsvorplatzes war da schon beschlossene Sache. Die Erbauer der „Sichtblende mit Uhr“ glaubten wohl selbst nicht an eine lange Lebenserwartung ihrer Konstruktion und ließen stehen, was sich dahinter befand. Das Foto aus dem Jahr 1976 bezeugt aber auch die Mühe, die sich die Stadt mit dem Bahnhofsvorplatz gab, so sauber und gut sortiert sah er später nicht mehr aus.

Die Taxifahrer warten heute auf Fahrgäste. Zu „Ostzeiten“ begann der Wettlauf um einen Wagen oft bereits auf dem Bahnsteig. Und mancher hörte, nach 30 Minuten Wartezeit scheinbar endlich am Ziel, kurz und kompromisslos vom Chauffeur: „Wo Sie hinwollen, dahin fahre ich nicht!“ 1910 soll ein Droschkenkutscher ebenfalls eine Fahrt abgelehnt haben. Oberbürgermeister Rive hatte angeordnet, dass am Bahnhof immer wenigstens ein Gefährt zu stehen hat! Und weil alle anderen Fahrzeuge bereits unterwegs waren ...

Bahnhofsvorplatz 2004

Today, whoever gets off the train at the main railroad station in Halle and can remember the distant and not so distant past, will notice lots of changes immediately. On July 23, 1840 the first train headed for Magdeburg, followed on August 18 of the same year by another train headed for Leipzig.
Travellers were not welcomed by a real railroad station until 1847. It was constructed by the „Thüringer Baugesellschaft“ (Construction Company). Therefore the people of Halle named the station „Thüringer“, and the nearby street is still today named „Thüringerstraße“.
Whoever wanted to travel to Berlin on December 14, 2003 just before 12 o'clock had to be very punctual. The mayor of Halle resolutely put on the red cap at exactly 11.56 a.m., and gave the departure signal to the first ICE that stopped in Halle. The reconstruction of the square in front of the station was already a done deal.

Immer wieder alles neu – Riebeckplatz

Das Hochhaus im Bau 1967

The „Hochhaus" (tall building) during construction, 1967

Das Hochhaus, für den Abriss freigegeben

The „Hochhaus" (tall building), 2005

Kein anderer Ort wurde in Halle im Laufe der letzten Jahrzehnte so sichtbar und aufwändig „umgekrempelt" wie der Platz zwischen Bahnhof und Altstadt.
Carl Adolf Riebeck (1821–1883) schaffte es vom Bergarbeiter zum führenden halleschen Unternehmer. Er förderte den technischen Fortschritt, besonders was Braunkohle und Mineralöle betraf.

Der Riebeckplatz 1928, viel Raum für Fußgänger

Riebeckplatz, 1928, lots of room for pedestrians

Nach 1945 musste er den Platz Thälmann überlassen.
Für viele Hallenser blieb Riebeck aber dort jahrelang präsent, und, wie sich Namen manchmal um sich selber drehen, heute reden nicht wenige immer noch vom Thälmannplatz.

Beachtenswert auf dem Bild ist die Anzugsordnung der Gärtner: Weißes Hemd und Krawatte waren auch während der Arbeit vor dem Hotel Goldene Kugel Vorschrift.

Noteworthy on this picture is the dress of the gardeners. White shirts and ties were required even while working in front of the „Hotel Goldene Kugel"

Am Ostersonnabend, dem 31.3. 1945 flog die erste amerikanische Luftdivision „fliegende Festungen" gegen Halle und ließ 1 069 t Bomben auf die Stadt fallen.
Ein Teil davon verwüstete den Riebeckplatz. Das Wohn- und Geschäftshaus des Namensgebers war für alle Zeiten verloren, und die Kellner der Hotels „Europa" und „Goldene Kugel" hatten vorher ihren Gästen zum letzten Mal ein Frühstück serviert.

Im Krieg zerstörtes Hotel am Riebeckplatz

Hotel destroyed in the World War II at the Riebeckplatz

Vom Schutt geräumt und von den Ruinen ringsum abgesehen, rollten nach 1945 bald wieder Straßenbahnen und Autos fast so wie vor dem Krieg über den Platz, bis der zum „Verkehrsreichsten" der DDR gezählt und gerechnet wurde.
Deshalb musste oder sollte etwas Grundsätzliches passieren. Das Ergebnis eines internationalen Wettbewerbs wurde ab 1964 realisiert und stand 1970 fix und fertig da.

Hochstraße im Bau

„Hochstraße" during construction

„Fäuste"

„Fists"

Von nun an stiegen auf dem Platz Fußgänger nur noch in die Straßenbahnen oder eilten unter ihm hindurch zum Bahnhof. Bäume, Sträucher und Bänke zum beschaulichen Ausruhen waren weitgehend verschwunden und das Verkehrsproblem trotz des riesigen Umbauaufwandes nicht gelöst.

Im Gegenteil: Der Thälmannplatz in Halle wurde in der gesamten Republik zu einem Alptraum der Kraftfahrer. Und Fahrschüler zitterten in der Prüfung vor ihm. Die Wohnungen in den beiden Hochhäusern enthielten eine für Halle sensationelle Neuerung: Einzelne Wände zwischen den Zimmern durften individuell verschoben werden. Aber ein Blick vom Balkon weckte nicht gerade romantische Gefühle.

Blick aus einem Hochhausfenster 1977

View out of a high located window, 1977

Vor das Haus des Lehrers setzten die Bildhauer Lichtenfeld, Beberniß und Fliegel, was die Hallenser die „Fäuste" und die beteiligten Künstler „Monument der revolutionären Arbeiterbewegung" nannten. Die Behauptung, die Fäuste seien als Drohung gegen Mietschuldner errichtet worden, gehört ins Reich der Legenden.

Sage und schreibe 13 Jahre dauerte der Streit um den Erhalt der „Fäuste", Ende 2003 gab's nach der revolutionären Arbeiterbewegung auch ihr Denkmal in Halle nicht mehr. „Nur die Tauben werden es vermissen", schrieb die Mitteldeutsche Zeitung am 25. Juli 2003.

Aber es geht 2005 nicht nur den Fäusten an den Kragen. Wieder wird im Sinne des Wortes kein Stein auf dem anderen gelassen. Ältere Hallenser fühlen sich an die 60er Jahre erinnert, wo man sich ebenfalls jede Woche irgendwie anders an Bauarbeitern und ihren Maschinen vorbeidrängeln musste. Vieles ist inzwischen schon fertig, der kurze Weg von den Bahnsteigen zu den Straßenbahnen wird die Reisenden freuen. Aber eines erkennt man schon: Ein Ort des geruhsamen Sitzens und Schauens wird der Riebeckplatz auch dieses Mal nicht. Und nach Ochsengespannen, wie in den 30er Jahren, wird man dort vergeblich Ausschau halten.

In den 30er Jahre passieren noch Ochsen den Platz

oxenteam in the thirties

No other place was remodeled as much as Riebeckplatz in the last decades. In World War II it was extensively destroyed. After 1945 it was renamed Thälmannplatz. In 2005 – renamed Riebeckplatz again – it is expected to handle the traffic much better.

Stadtmauer

Die erste Stadtmauer in Halle entstand um den Alten Markt. In der Kutschgasse ist davon noch ein Stück zu besichtigen. Wiprecht von Groitzsch (gestorben 1224) ließ eine zweite Mauer errichten. Reste davon haben sich am Waisenhausring erhalten.

Umfangreiche städtebauliche Veränderungen sind keine Erfindung der Neuzeit. Vorwiegend aus militärischen Gründen ließ Wiprecht von Groitzsch diese zweite Mauer um die Stadt errichten. Sie war etwa einen Meter dick, 4,5 Meter hoch und verlief ungefähr entlang der heutigen Ringstraßen: Waisenhausring, Hansering, Universitätsring, Moritzburgring, Robert-Franz-Ring, Hallorenring, Morizzwinger. Nach dem Wiener Kongress (1815) und der folgenden Neusortierung Europas brauchte man solche Bollwerke endgültig nicht mehr, oder traute ihnen keinen wirklichen Schutz zu. Obendrein platzten viele Städte buchstäblich aus ihren Nähten.

Reste der Stadtmauer am Waisenhausring 70er Jahre

Remains of thr city wall at the Waisenhausring, in the seventies.

Ein Stück Stadtmauer an gleicher Stelle, 2005

A part of the city wall, 2005

Leipziger Turm

Als das deutsche Kaiserpaar Wilhelm II. und Auguste Victoria 1903 Halle die Ehre ihres Besuches gaben, wurde das Galgtor vorrübergehend wieder errichtet. Die Reaktion der Majestäten ist leider ebenso wenig überliefert, wie die Motive der damaligen Stadtväter, ihnen ausgerechnet dieses Stück Mittelalter vorzuführen.

Das Galgtor wurde 1903 zur Hochzeit des Kaiserpaares vorübergehend wieder errichtet

The „Galgtor“ (Galg gate) was erected again in 1903 for a short time in honor of the wedding of the Kaiser couple.

Der Leipziger Turm 2004

The „Leipziger Turm“ (Leipzig tower), 2004

After almost 700 years (!) most of the fortifications of Halle (the city wall) fell victim to hammers and picks.

Pauluskirche

Kaiserin Auguste Victoria nahm auch an den Einweihungsfeiern der Pauluskirche auf dem Hasenberg am 6.9.1903 teil. Der Kaiser nicht. Er probte den Krieg beim jährlichen Herbstmanöver. Die Kirche wurde aus märkischen Backsteinen für die protestantische Gemeinde errichtet, und höher als ihre Spitze ragte damals nichts in den halleschen Himmel.

Äußerlich sieht die Pauluskirche heute noch (fast) so aus, wie damals und steht da als Mittelpunkt eines lebendigen Stadtteiles.

Die Pauluskirche im Bau *Paulus Church during construction*

Die Pauluskirche mit Umgebung Anfang des 20. Jahrhunderts
Paulus Church and surroundings at the beginning of the 20th century

Die Pauluskirche 2005 *Paulus Church, 2005*

In 1903 the Kaiser's wife Auguste Victoria participated in the dedication of the Paulus Church. The curch was built for the protestant community out of bricks, and nothing reached higher into the Halle skies than the church tower.

Zigaretteneck und „Pottels“

Bleiben wir am Leipziger Turm und blicken zurück in Richtung Markt. Dominant wie eh und je ist das Haus, in dem hoffentlich noch recht lange „Tabakwaren“ zu haben sein werden. Es wurde zwischen 1870 und 1880 errichtet und gehörte zuerst den Versicherungsgesellschaften Deutscher Ring.

The building stands as dominant as ever at today's Hansering. Smoking materials are still offered here. It was cunstructed between 1870 and 1880 and belonged at first to the insurance company „Versicherungsgesellschaften Deutscher Ring“.

Im Zigarreneck am Preußenring gab's auch damals schon gute Tabakwaren. „Pottels“ auf der linken Seite war bis 1945 eine „erste Adresse“

The „Zigarreneck“ (Cigar's Corner) at „Preußenring“. Even in past times good smoking materials have been offered here

Zigarreneck 2004

„Zigarreneck“ (Cigar's Corner), 2004

„Ritterhaus“

Auf dem alten Foto auf der vorhergehenden Seite ist hinter „Pottels“ noch ein Stück „Ritterhaus“ zu erkennen.

Der Name Ritter hatte in Halle seit 1859, wo Carl Friedrich Ritter aus Schkeuditz in der Großen Ulrichstraße Nr. 32 seinen ersten Laden öffnete, einen erfolgreichen geschäftlichen Klang.

1926 begann der Bau des Hauses in der Leipziger Straße, mit der Ritterfigur sichtbar auf dem Dach. Im Krieg schwer beschädigt, überlebten nur Reste die „Ostzeiten“. Dem neuen Haus (erbaut 1997) fehlt im Vergleich mit dem alten nicht nur der Typ auf dem Dach.

Seit April 2005 gehört es der Petrion Verwaltungsgesellschaft. Ende einer Wiedergeburt. „Ritter“ steht nur noch auf der Fassade.

„Ritterhaus“ in ursprünglicher Pracht

„Ritterhaus“ in original splendour

Das „Ritterhaus“ wurde im Krieg stark beschädigt

The „Ritterhaus“ was badly damaged during World War II

„Ritterhaus“ in 2005 *„Ritterhaus“, 2005*

The name „Ritter“ had a successful business ring in Halle since 1859. In 1926 the construction of the building began in Leipziger Straße with the figure of a knight visible on the roof. Since April of 2005 it belongs to „Petrion Verwaltungsgesellschaft“.

Obere Leipziger Straße

Am Leipziger Turm steht man mitten in der Leipziger Straße. Bis 1827 hieß sie Galgstraße, weil sie im Mittelalter zu einem Platz führte, wo gehenkt wurde. Ihren DDR-Namen „Klement-Gottwald“, hörte man schon vor 1990 selten, „Boulevard“ dagegen hält sich hartnäckig; „Meile“ benutzen meist nur Zugereiste. Die beiden Bilder scheinen sich, obwohl im Abstand von 70 Jahren aufgenommen, verblüffend zu ähneln.

Already since 1882 over 500 people used the cars of the „Halle Pferdebahn“ (horse street car) every day from the train station to city center. On August 11, 1967 the tram from Thälmannplatz to the market went for the last time. In the Leipziger Straße much had changed for the better. The picture from DDR days is a reminder of a time when for example a hand cart was one of the life-essential devices.

Die obere Leipziger Straße, 1911 *The upper „Leipziger Straße“, 1911*

Die obere Leipziger Straße, 2004 *The upper „Leipziger Straße“, 2004*

Aber der erste Blick täuscht. Noch nicht, beziehungsweise nicht mehr zu sehen sind, zum Beispiel die Geleise der Straßenbahn.
Dabei zogen bereits die Wagen der halleschen Pferdebahn seit 1882 täglich über 500 Personen vom Bahnhof über diese Straße ins Stadtzentrum.
Am 11.8.1967 fuhr zum letzten Mal eine Bahn vom Thälmannplatz zum Markt. Ältere Straßenbahner trauern dieser Verbindung heute noch nach.

In der Leipziger Straße hat sich vieles zum Besseren verändert. Das Foto aus DDR-Tagen erinnert an eine Zeit, als Handwagen noch zu den lebensnotwendigen Geräten gehörten, „Meister Bräu“ billig, aber dünn war und nicht alles, was dringend reparaturbedürftig, sofort in Angriff genommen wurde.

Hotel „Stadt Leipzig“ zur DDR-Zeit

The hotel „Stadt Leipzig“ during DDR times

Kunst und Wissenschaft

Auch ohne Kulturhauptstadt – Halle war und ist eine Stadt der schönen Künste, moderner Wissenschaft und kultureller Vielfalt. Aber auch hier bleibt nichts wie es war. Der Intendant des neuen Theaters, **Peter Sodann**, geht und lässt nicht nur die „Frage aller Fragen“ zurück.

Neues Theater: „Sein oder nicht sein ...“

„Neues Theater“ (new theatre): „To be or not to be ...“

Die Stadtplaner am Ende des 19. Jahrhunderts haben an vielen Stellen Weitsichtigkeit, Durchsetzungsvermögen und gesellschaftliche Verantwortung bewiesen. Wie schwer mag es für sie zum Beispiel gewesen sein, zwischen Leipziger Turm und Post so viel kostbaren Raum unbebaut zu lassen?
Die Straße hieß mal treffend Poststraße, dann, der Herr durfte auch in Halle nicht fehlen, „Adolf-Hitler-Ring“, und trägt nun, als einzige Erinnerung an Halles Mitgliedschaft in diesem Städtebündnis, den Namen Hansering.

Although it was not the cultural capitol, Halle was and still is a city of beautiful art, modern science and cultural multitudes. But even here nothing stays as it was. The director Peter Sodann resigns and does not only leave behind the „question of all questions“

1. Mai 2005 am neuen Theater

At the new theatre, May 1, 2005

Kaiser Wilhelm ... entsorgt

Über das Kaiser Wilhelm Denkmal spottete Curt Götz: *„Da reitet der alte Kaiser, begleitet von Bismarck und Moltke, die zu Fuß gehen müssen, in einem geräumigen Wasserbecken spazieren. Zwei nackte Meermädchen sind außer sich über den hohen Besuch, fassen sich vor Entzücken an die dicken Busen und übergeben sich vor Freude."*

Nach 1945 durfte in Halle kein Kaiser mehr durchs Wasser reiten, kein Reichskanzler und Feldherr ihn zu Fuß begleiten und auch die nackten Mädchen mussten für ihren Patriotismus büßen. Das Denkmal wurde abgerissen.

After 1945 the Kaiser Wilhelm memorial was destroyed. After all, who in the DDR wanted to know anything about Kaiser Wilhelm after World War II?

Kaiser Wilhelm, Bismarck und Moltke – entsorgt nach 1945

Kaiser Wilhelm, Bismarck and Moltke – wasted after 1945

Grünanlage statt Kaiserbrunnen 2004

Park instead of Kaiser's fountain

Justitia frisch vergoldet

Das Gerichtsgebäude gegenüber des abgerissenen Kaiser-Wilhelm-Denkmals steht wie eh und je.
Justitia, Wahrheit und Gerechtigkeit hoch oben aber verwitterten, so dass man am Ende nicht mehr zwischen ihnen unterscheiden konnte. 25.7.2004 wurden sie frisch vergoldet wieder auf ihre alten Plätze gehievt.

Gegenüber dem Gericht „brannte" seit 1967, zu Ehren der großen sozialistischen Oktoberrevolution die „Flamme der Revolution". (Entwurf S. Fliegel, der auch an den „Fäusten" auf dem Thälmannplatz beteiligt war.) Die Hallenser erkannten weder Feuer noch Flamme und sprachen immer von der „Fahne" am Hansering. Revolutionär wurde es in ihrer Umgebung im Herbst 1989, wo sich viele Bürger der Stadt hier zu Protestkundgebungen trafen – friedlich.

Gerichtsgebäude vom „alten Kaiser Wilhelm" aus (30er Jahre)

The court house seen from the „Old Kaiser Wilhelm", in the thirties

The court house still faces the destroyed Kaiser Wilhelm memorial

Hansering mit Gerichtsgebäude 2004

Hansering with court house, 2004

„Flamme der Revolution“

Im Oktober 2004 sang der Huttenchor vor dem neubemalten Objekt. S. Fliegel spricht von einer „Weitergestaltung auf anderer Ebene“, Gestalter Steffen O. Rumpf von einer „aufsteigenden Galaxis mit kosmischer Hintergrundstrahlung“. Verabschiedung der Revolution ins Weltall?

Die „Fahne“ oder „Flamme der Revolution“ 1967 aufgestellt

The „flag“, or „flame of the Revolution“

Opposite the court house the „flame of the Revolution“ burned since 1967, in honour of the big socialistic October revolution. 2004 saw the final separation from the revolution, and the work of art was named new: Sculptor Rumph spoke of the „Rising Galaxy with cosmic background lighting“.

Die „Fahne“ 2005

The „flag“, 2005

Post und Joliot-Curie-Platz

Der Joliot-Curie-Platz verbindet Hansering und Universitätsring mit einer schönen gärtnerischen Anlage, die von zwei markanten Gebäuden begrenzt wird.
Die Post (1892–1896) trug bis 1938 eine pyramidenförmige Haube. Dem Geschmack seiner Zeit folgend, entlieh der Architekt seine Formen von Kollegen, die bald 1000 Jahre tot waren. So entstand das wohl schönste neoromanische Gebäude in Halle – später auch ohne Haube. Die Post strahlt heute den Betrachter aus allen Erkern und Säulen frisch und sauber an. Aber wenn auch viele Räume leer stehen, Briefmarken kann man hier immer noch kaufen.

Die Post 2005

The post office, 2005

Die Post noch mit Haube in den 30er Jahren

The post office, still with it's hood, in the thirties

Die Post 1970

The post office, 1970

The post office (1892–1896) wore a pyramid-like hood until 1938. Acording to the tastes of the time, the architect „borrowed" the shapes from colleagues, who have died close to 1000 years before. This was how the arguably most beautiful neo-roman building in Halle came about – later without the hood.

„Poesie“ und „Wahrheit“

Nach nur zweijähriger Bauzeit öffnete sich 1886 zum ersten Mal der Vorhang im Stadttheater. Warum ausgerechnet für den „Fliegenden Holländer“, ist nicht überliefert.
Trotz Bomben, Hunger und schlimmen Nachrichten von der Front, wurde hier bis Ende 1944 Theater gespielt. Erst im Frühjahr 1945 hob sich kein Vorhang mehr. Denkwürdig war der Abend vor dem 31. März 1945. Alten und blutjungen Männern des Volkssturms wurde anhand von Lehrfilmen demonstriert, wie sie Halle verteidigen sollten, mit Panzerfäusten und Straßensperren. Kurz nach Mitternacht verließen sämtliche Teilnehmer dieser Vorführung das Haus. Wenige Stunden später brach es von Bomben getroffen in sich zusammen.

Am 31. März 1951 erklangen Beethovens Fidelio-Arien im wieder auferstandenen Haus. Am 27. Mai des gleichen Jahres erhielt das Haus den schönen Namen „Theater des Friedens“, angeblich nach einem Vorschlag aus der Bevölkerung.
Am 19.10.1996 schrieb die Mitteldeutsche Zeitung:
„Das Theater des Friedens ist nun endgültig verschwunden. Bis gestern prangte der ehemalige Landestheatername des heutigen Opernhauses noch als weithin sichtbarer Schriftzug an der Fassade. Inzwischen haben ihn die Handwerker entfernt.“
Nun steht wieder DEN DARSTELLENDEN KÜNSTEN dran. Manches andere hat sich auch verändert. So kehrte im April 2004 die Statue „Wahrheit“, begleitet von der „Poesie“ zurück. Rechts und links vom Portal kann man die steinernen Frauen wieder bewundern. Sie hatten die „Ostzeit“ auf den Passendorfer Wiesen überlebt, und waren in 40 Jahren dort nicht entdeckt worden.

Theater 1886

The theatre, 1886

Theater des Friedens 1965 (ohne „Poesie“ und „Wahrheit“)

The Theatre of Peace in 1965 (without „Poetry“ and „Truth“)

Theater-Cafe 70er Jahre

The theatre café, seventies

Theatercafe 1965, schöne Plätze unter freiem Himmel

The theatre café 1965, lovely places under the open sky

After only two years in construction, the curtain of the city theatre opened for the first time in 1886. In spite of bombs, hunger, and bad news from the front, plays in the theatre continued until 1944.
The first performance after the war was on March 31, 1951. It was now renamed the „Theatre of Peace“. Just like before the war, today it stands again as the theatre of performing arts.

Opernhaus 2005 mit „Poesie“ und „Wahrheit“

The Opera House, 2005, with „Poetry“ and „Truth“

Universität

Die Geschichte der halleschen Universität ist eine „Veränderungs-story“ für sich.
Zunächst stand sie 1694 ohne eigenes Haus da und zog, gegen mancherlei Widerstand, in die Ratswaage neben dem Rathaus ein. Viele Professoren waren gezwungen, ihre Privaträume für die Arbeit mit den Studenten zu nutzen.
Erst 1834 stand ein repräsentatives Gebäude. Eigentlich heißt es Hauptgebäude, aber alle nennen es Löwengebäude. Die Raubtiere davor wurden 1868 vom Marktbrunnen hierher versetzt. Sie besitzen literarische Bedeutung.

Heinrich Heine dichtete, als er 1824 aus dem Harz kommend, in Halle Station machte:

„Zu Halle auf dem Markt,
Da stehn zwei große Löwen.
„Ei du hallescher Löwentrotz,
wie hat man dich gezähmet.“

Heute nimmt solchen Spott dem Dichter niemand mehr übel, im Gegenteil, man hat ihm auf dem Universitätsplatz ein Denkmal gesetzt.
Im Jahr 2001 durfte der ehemalige Bunker unter dem Universitätsplatz erstmals nach dem Krieg besichtigt werden, bevor er endgültig zukünftigen Archäologen übergeben wurde.

Geöffneter Bunker unter dem Universitätsplatz 2001

The open bunker under the Universitätsplatz, 2001

The history of the Halle University is a story of change in itself. It existed since 1694 without its own building, and in spite of some significant resistance it moved into the „Ratswaage“ next to the „Rathaus“ (City Hall). Finally in 1834 it received its first representative building. Although it was actually named the „Main Building“, everybody calles it the „Lions Building“, because of the lions that were moved here from Market Fountain.

Hauptgebäude der Universität 30er Jahre

The Main Building of the university, in the thirties

Über die Neugestaltung des Platzes wurde heftig gestritten. Insbesondere wollten Baumfreunde den Verlust von 23 Schattenspendern nicht widerstandslos hinnehmen. Außerdem würde angeblich die Freitreppe dem Löwengebäude die Dominanz auf dem Platz nehmen.
Sogar öffentliche Gebete für den Erhalt der Bäume fanden statt. Es half alles nichts. Nachdem die immerhin 67 Meter lange Treppe planmäßig zum Jahresende 2001 fertig war, beruhigten sich die Gemüter nicht nur, die meisten Hallenser fanden die Treppe gelungen. Und die Studenten sowieso.

Verändert haben sich im Laufe der Jahrhunderte nicht nur Gebäude, Treppen und Professorenkleidung.
1694 hieß die Hochschule „Friedrich-Universität Halle". 1817 schloss sich „Wittenberg" dem Namen an, weil diese Stadt 1815 preußisch geworden war, und 1933 wurde Martin Luther Namenspatron. Hermann Göring hat, als preußischer Ministerpräsident, persönlich damals die Urkunde unterzeichnet.

Hauptgebäude der Universität 70er Jahre

The Main Building of the university, in the seventies

There were many fights over the rennovation of the square. The trees should have been preserved. But the protests did not help. In 2001 the large steps in front of the university were completed.

Die Unitreppe 2005, umstritten – aber angenommen

The steps, 2005, contested – but accepted

Erzbischof und Kardinal – Moritzburg

Hallenser, die Gästen ihre Stadt zeigen wollen, planen meist auch den Weg von der Moritzburg zur Klausbrücke ein.

Moritzburg um 1900 *The „Moritzburg", around 1900*

Erzbischof Ernst ließ am 25.5.1484 den Grundstein zum Bau der Moritzburg legen. Ein „festes Schloss", eine steinerne Drohung gegen die Stadt sollte es werden und nicht, wie viele gehofft hatten, ein Palast für den Erzbischof. Ernst starb und nur sein Herz blieb in Halle zurück. Seine Gesinnung nicht.

Am 21. Mai 1514 zog ein neuer Mann und mit ihm ein neuer Geist in die Moritzburg – Kardinal Albrecht, der Kunst- und Frauenfreund, der Förderer, Verschwender, Reliquiensammler und Gegner Luthers.
1541 verließ er als totaler Verlierer Halle, und plante verbittert für sein Grab die Inschrift: „Alle mir nach".
Ganz nebenbei aber auch – alles mir nach. Noch heute zeigt man zum Beispiel in Aschaffenburg stolz hallesche Kunstwerke, die Albrecht „mitgehen" ließ.

Im Januar 1637 zerstörte ein Brand unter schwedischer Besatzung die Burg. Die Schweden, die angeblich als Helfer der Protestanten gegen den katholischen Kaiser nach Deutschland in den 30-jährigen Krieg gezogen waren, machten sich in Halle unbeliebt. Sie nahmen, was sie

Moritzburg 1964 *The „Moritzburg", 1964*

kriegen konnten, ohne Rücksicht auf die Bürger der Stadt und brannten aus Unachtsamkeit die Burg fast ab. Frierende Soldaten sollen Möbel verbrannt haben. Dabei passierte das Maleur.

People of Halle who want to show off their city to their guests mostly plan the route from the „Moritzburg" to the „Klausbrücke" (Klaus Bridge). Archbishop Ernst permitted the laying of the cornerstone for the construction of the Moritzburg on May 25, 1484. On May 21, 1514, a new man moved into the Moritzburg, and with him a new spirit – Cardinal Albrecht, the friend of art and women, the promoter, squanderer, collector of relics and oponent of Luther. The Swedes made themselves very unpopular during the 30 Year War. They took all they could get without any regard to the citizens of the city, and carelessly almost burned up the fort.

Moritzburg 2004

The „Moritzburg",2004

Mancherlei Veränderungen haben die Ruinen der Moritzburg nach dem Brand erfahren. Immer aber, und das ist etwas Besonderes, achteten die Besitzer darauf, sinnvoll zu nutzen, was mühevoll und kostenaufwändig wieder zusammengefügt worden war. Davon kann sich der heutige Besucher überall ein Bild machen:
Museum, Galerie, Verwaltung, Studententurm. Und vorher: Weinkeller, Turnhalle ...

Fernsehtheater kontra „Ohnesorg" aus dem Westen

The TV theatre contrary „Ohnesorg" from the west

Der Direktor des Puppentheaters, Gerd Focke, 1964 erhielt vom damaligen 1. Sekretär der SED-Bezirksleitung einen überraschenden Auftrag: „Du gründest ein Fernsehtheater in Halle. Eins, wo heitere Stücke gespielt werden, damit unsere Bürger nicht immer „Ohnesorg" und so was aus dem Westen gucken müssen. Wo? Das bleibt dir überlassen. Geld spielt keine Rolle."
Gerd Focke und andere gründeten das Fernsehtheater. Nach vergeblichen Versuchen zum Beispiel im Puschkinhaus, zogen sie in den Keller der Moritzburg. Geld, sogar hartes aus dem Westen, spielte anfangs keine Rolle. Gespielt wurden eigene Stücke, aber auch Westimporte.
Curt Götz kam so noch einmal nach Halle, sein Stück „Lampenschirm", wurde ein großer Publikumserfolg. Letztmalig wurde aus dem Gewölbe der Moritzburg am 18.9.1991 gesendet.
„Publikumslieblinge im Fernsehtheater mit Stargast Heinz Behrens."
Danach verschwanden sämtliche Fernsehspuren.

Fernsehtheater: Heitere Stücke wurden hier hauptsächlich gespielt

The TV theatre: amusing pieces have been played here mainly

Danach wurden die Räume als Abstellkammern benutzt. Heute stehen sie auf den Bauplänen des neuen Westflügels.

Zum Glück wurde nicht alles Realität, was kühne Baumeister zu Papier brachten. So die Pläne des Architekten Hanry Reetz (1706), der den Wehrbau in eine Barockresidenz für den preußischen König umfrisieren wollte. Oder Friedrich Schinkels Absicht, eine Universität aus der Moritzburg zu machen, was ihr ebenfalls nicht bekommen wäre, weil auch er wenig Rücksicht auf ihre baulichen Wurzeln nehmen wollte.
Im Juni 2004 haben die Spanier Fuensanta Nieto und Enrique Sobejano den Auftrag für den Ausbau des Westflügels zum Museum gewonnen. Nach ihren Vorstellungen soll das Dach des Neubaus scheinbar über den Mauern „schweben".
Eine Mitarbeiterin der Burg: „Wir sind sehr begeistert von den Bauplänen. Die Ruine bleibt sichtbar und Teile der Konstruktion werden an den Maler Feininger erinnern."

Gerd Focke and others founded the TV theatre in 1964 with amusing pieces in the Moritzburg. In 1991 the productions were shut down.
In June 2004 the Spaniards Fuensanta Nieto und Enrique Sobejano won the contract for the altered section of the west wing to be a museum. A new era of the Moritzburg starts.

Dom und Neue Residenz

Der Kardinal sammelte nicht nur Knochen und Knöchelchen von allen möglichen Heiligen, sondern nahm auch den Dominikanern die Kirche weg und verhalf der Stadt Halle damit zu der Ehre, einen „Dom“ zu besitzen.

Der Dom um 1900

The cathedral in it's original shape

Der Dom zur DDR-Zeit

The cathedral, DDR time

Der Dom 2004

The cathedral, 2004

Kardinal Albrecht ließ auch die Neue Residenz erbauen, wahrscheinlich auch als katholische Universität, um der Reformation ideologisch den Garaus zu machen. Was bekanntlich gründlich misslang. Heute sind in den Gebäuden ebenfalls Knochen zu besichtigen – wenn auch keine heiligen, zum Beispiel das Skelett des legendären Urpferdes. Vom Glanz des angeblich schönsten Gebäudes aus der Zeit der Renaissance ist nicht viel übrig geblieben.

Neue Residenz 70er Jahre

The new residence, in the seventies

Cardinal Albrecht also took away the church from the Dominicans, and helped the city Halle to get a cathedral. He also constructed the new residence. Not much remains to be seen today of the original glitter of the Rennaissance building.

Die Neue Residenz 2005

The new residence, 2005

Stadtzentrum – Markt und Umgebung

Viele Marktplätze auf der Welt wurden von den Stadtvätern über die Jahrhunderte behütet und gepflegt, und wer sie betritt, verspürt noch den Atem längst vergangener Zeiten. In Halle bot der Marktplatz oft Arbeit für Stadtplaner, Architekten, Bauarbeiter und Archäologen.

Kardinal Albrecht sagt man nach, dass er Halle zur schönsten Stadt im Heiligen Römischen Reich machen wollte. Auch dieser Plan scheiterte. Aber aus den zwei Kirchen auf dem Markt wurde immerhin eine.

Der Markt 2005 als große Baustelle

The market, 2005, as a huge building site

Das mittelalterliche Rathaus zerstörten 1945 die Amerikaner

The city hall from the middle ages was destroyed by the Americans in 1945

The market place of Halle frequently offered work for city planners, architects, construction workers, and archeologists.

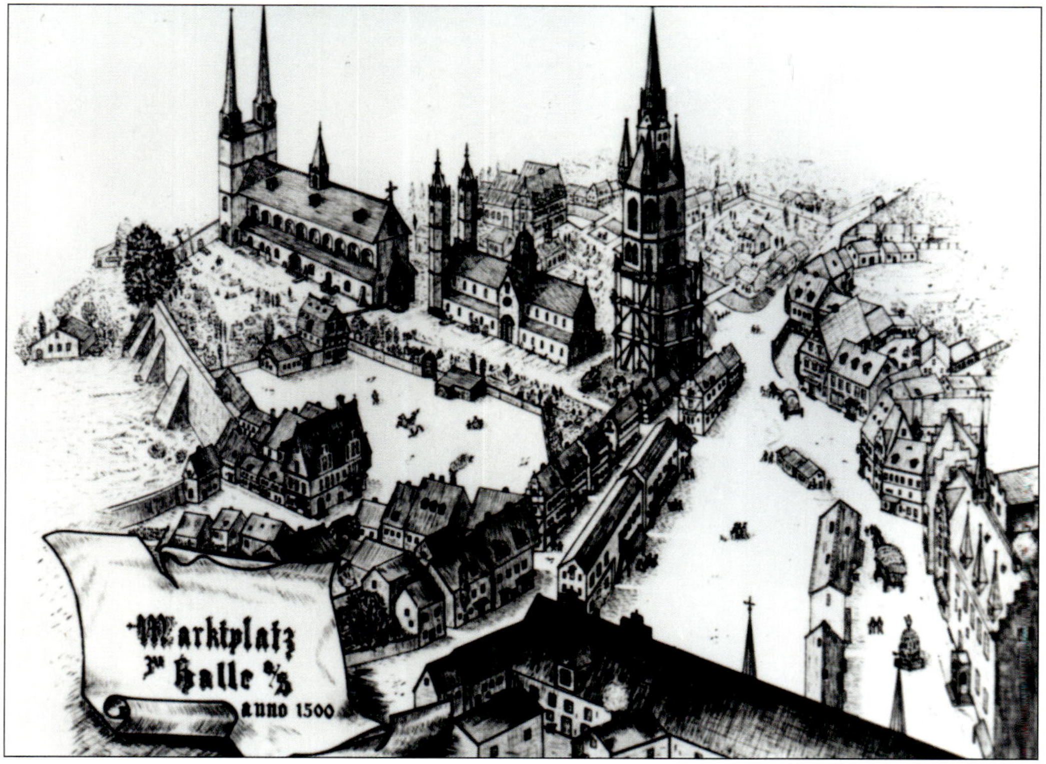

Der Markt um 1500

The market around 1500

Ein ehemaliger Elektrikerlehrling erinnert sich:

„Gehen Sie ins alte Rathaus', wurde mir mitgeteilt, ‚und sichern Sie alles, was Ihnen an Material noch brauchbar erscheint, besonders wichtig: Telefone und Zubehör'.

Ich nahm am anderen Morgen meine Werkzeugtasche und zog los.

Das Rathaus war getroffen worden, eine Seite hing schief, aber an Abriss hätte ich damals nie und nimmer gedacht. Ich erinnere mich, dass innen die meisten Türen noch auf- und zugingen, dass unbeschädigter Parkettfußboden vorhanden war, und dass im großen Saal Büromöbel standen. Ja, der Saal war zu mehreren Büros umfunktioniert worden. Ich begann in aller Ruhe mit meiner Arbeit. Ein Telefon und eine Schreibtischlampe nahm ich mit nach Hause.

Kein Mensch hat jemals danach gefragt.

Das Rathaus in Leipzig war viel schlimmer getroffen worden und es blieb stehen.

Aber in Halle, da regierten Leute, die am liebsten alles weggehabt hätten, was vorher war.

Das war so ein Proletenkult ..."

Das Rathaus gehörte sicher nicht zu den ansehnlichsten Gebäuden dieser Art in Deutschland. Als Halles energischer und vorwärts blickender Oberbürgermeister Richard Robert Rive 1906 sein Amt antrat, befand es sich sogar, nach seinen Worten, in einem jämmerlichen Zustand.

Markt mit Händel-Denkmal Anfang des 20. Jahrhunderts. Das Stadthaus auf der rechten Seite im Bild wurde 1891–1894 erbaut und sein Architekt bemühte sich, möglichst viele Baustile unterzubringen

Händel steht seit 1859 auf seinem Sockel, und darauf war man besonders stolz. Franz Liszt höchstpersönlich gab den Hallensern bei der Einweihung des Denkmals die Ehre seiner Anwesenheit. Galeria Kaufhof, mit seinem Terrassencafe hoch über dem Platz, dürfte der letzte Beweis dafür sein, dass Halles Markt nie wieder mittelalterlich aussehen wird.

Händel hat sich nicht verändert, ringsum jedoch sehr viel

Händel has not changed, the surroundings, however, have a lot

Händel is standing on his pedestal since 1859. Galery Kaufhof with its coffee terrace high above the square provides final proof that the Halle market will never regain its middle ages appearance.

Ein vergleichender Blick in die entgegengesetzte Richtung zeigt den Roten Turm noch ohne Spitze, die Amerikaner hatten sie 1945 als letzte Drohung abgeschossen. Erst 1976 kam er wieder „unter die Haube".

Der Rote Turm vor 1976 noch ohne Haube

The „Rote Turm" (red tower) before 1976 without the hood

... und sonst hat sich auch vieles verändert, Aufnahme 2004

... and besides, much has changed, too

Der Rote Turm zur DDR-Zeit: 1976 bekommt er wieder seine Haube

The „Rote Turm" (red tower) during the DDR times: In 1976 it regained its hood

Roter Turm in den 30er Jahren

The „Rote Turm" (red tower) in the thirties

A comparative view in the opposite direction shows the „Rote Turm" (red tower) without its peak. The Americans shot it off as a final warning in 1945.

„Die Menschen wollen nicht mehr in solchen alten Häusern wohnen. Sie haben Sehnsucht nach Licht und Sonne“, lautete eine Begründung für den Abriss ganzer Straßenzüge.

Licht und Sonne hatten viele Menschen später in Hochhäusern und Plattenbauten mehr als genug. Und es gefiel ihnen dort trotzdem nicht.

Blick zum Roten Turm durch den Schülershof in den 30er Jahren

View of the „Rote Turm“ (red tower) through the „Schülershof“ (students yard) in the thirties

Blick zum Markt vor dem Krieg

View of the market before the war

The reasoning behind the destruction of many streets was: „People do not want to live in old buildings any more. They long for light and sun.“

Aufnahme 2004

The same view, 2004

Blick zum Markt 2004: Hell war es nun in den neuen Wohnungen

View of the market 2004: The new apartments were very bright

Gottvertrauen und Verkehrsknoten – Franckesche Stiftungen

Am 28. Juni 1927 brachte man am Pfarrhaus Ulrichskirche in der Kleinen Brauhausstraße (gehört heute zur Konzerthalle), anlässlich des 200. Todestages von August Hermann Francke eine Gedenktafel an. Auf ihr ist unter anderem zu lesen: „Der Herr ist meine Lebenskraft vor wem sollte mir grauen." Dieser Spruch hat samt Tafel alle Stürme und Zeitgeister überstanden. Franckes Stiftungen wurden sozusagen erst in letzter Minute gerettet.

Franckesche Stiftungen 1904

„Franckesche Stiftungen" (Frank Donations), 1904

A.H. Francke würde sich freuen. Blick in den Schwarzen Weg. Rechts vorn das Haus des Stadtsingechores 2004

A.H. Francke would be pleased. View towards Schwarzer Weg. In front on the right the house of the „Stadtsingechor", 2004

Ein Mitarbeiter der Universität, dessen Schreibtisch damals im Haus 6 stand, erinnert sich: *„Wir heizten unsere Räume meist selbst mit Holz und Kohlen. Die sanitären Anlagen befanden sich, gelinde gesprochen, in einem unhygienischen Zustand. Erwarteten wir Gäste, war vorher Saubermachen angesagt. Das Schlimmste aber war, ansehen zu müssen, wie die Stiftungen scheinbar unaufhaltsam dem Tode geweiht waren.“*

Bei vielen Besuchern unserer Stadt stehen die „Stiftungen“ auf dem Programm. Lange suchen müssen sie meist nicht. Sie sind nicht zu übersehen – trotz der rücksichtslos davor gestellten Hochstraße.

Die Gedenktafel von 1927 hatte sich August Hermann Francke sicher verdient. Aber bereits unter seinen Zeitgenossen war er nicht unbestritten. König Friedrich Wilhelm I. war ihm wohlgesonnen, doch Tochter Wilhelmine (Schwester von Friedrich dem Großen), kritisiert in ihren Memoiren: „Dieser Geistliche fand ein Vergnügen daran, Gewissensskrupel bei den unschuldigsten Dingen zu erregen. Er verbot alle Vergnügungen, die er verdammlich fand, selbst Jagd und Musik. Man durfte von nichts anderem reden, als von der Bibel, jedes andere Gespräch war untersagt. Er selbst war der größte Redner an der Tafel, wo er das Amt des Lektors wie in den Refektorien übernahm.“

Die Franckeschen Stiftungen früher und heute. Wie ein Ungetüm führt die Hochstraße dicht an den Stiftungen vorbei

Both pictures: The „Franckesche Stiftungen“ (Frank Donations) before and today. Like a monstrosity the „Hochstraße“ passes by very close to the donations

The „Frankesche Stiftungen“ (Frank Donations) were shabby during the times of the DDR. After the so called „Wende“ (reunification) they were restored.
Even for the witnesses of this time, the educational methods of its founder, August Herrmann Francke were not undisputed.

Rannischer Platz

Von den Stiftungen sind es nur ein paar Schritte bis zum Rannischen Platz. Auf dem Stadtplan von 1740 findet sich am Ende des Steinweges lediglich eine „Tongrube".
Interessant ist die Wandlung eines Straßennamens. Die Straße vom Alten Markt zum Franckeplatz hieß ursprünglich „Radewellsche", nach dem gleichnamigen Dorf und kam über Rodewellsche, Rodelsche, Randische, endlich zur heutigen Bezeichnung: Rannische Straße.
Dem Platz blieb der Wandel erspart.

Rannischer Platz 1910. Die Philipp-Müller-Straße hieß auch nach dem Krieg noch Lindenstraße. Toilette und Selterwasserverkauf in dem Häuschen auf dem Platz

„Rannische Platz", 1910. Even after the war the „Philipp-Müller-Straße" still was named Lindenstraße. In the little hut there is a toilet and Water is sold

Der Rannische Platz 2005

The „Rannische Platz", 2005

Vom Henkerquartier zur Händelhalle – „Spitze“

Die Straßen auf dem ehemaligen Strohhof heißen noch Kellnerstraße, Kuttelhof und „Spitze“, aber nach der Baufreiheit 1988 ist von dem, was einmal war, so gut wie nichts geblieben.

Herrenstraße, Blick zur „Spitze“, links hinter dem Wehr die alte Brauerei

The Herrenstraße, view towards the „Spitze“ (peak), on the left behind the weir the old brewery

Halles Bevölkerung hat viel für die DDR geleistet und geopfert. Man werfe nur einen Blick auf die lange Liste ihrer Industriebetriebe. Die Bürger der Stadt litten überdurchschnittlich unter Abgasen und Abwässern. Trotzdem – für ein neues Kulturhaus reichte es nicht. Geplant war es schon lange, aber erst 1988 begann man auf der „Spitze“ damit Baufreiheit zu schaffen und Pfosten in die Erde zu rammen.

1988 wird Baufreiheit für die neue Händelhalle auf der „Spitze“ geschaffen

In 1988 building permission was obtained for the new „Händelhalle“ on the „Spitze“ (peak)

Blick von der Moritzkirche Richtung auf die „Spitze“

View from the „Moritzkirche“ (Moritz church) in the direction of the „Spitze“ (peak)

Die „Spitze“ ist in Halle eigentlich nur eine uralte Straße auf dem Strohhof. Dieser wieder eigentlich eine Insel, eingeschlossen von Mühlgraben und Gerbersaale, was aber nicht erkennbar ist, weil die Gerbersaale seit 1894 unter dem Hallorenring fließt.

Der Strohhof gehörte ursprünglich dem Erzbischof von Magdeburg und diente den Halloren als Lagerplatz für Stroh und Asche. Das eine brauchten sie für ihre Siedefeuer, mit dem anderen wussten sie nicht, wohin damit. Dem Erzbischof gefiel solcher Besitz wohl am Ende nicht mehr.
1323 verkaufte er ihn an die Stadt. Danach wohnten normale Bürger darauf, angesehene, zwielichtige und furchteinflößende. So findet sich ein Pfänner in den Einwohnermeldelisten, viele Gastwirte mit zweifelhaftem Ruf und – der Henker von Halle.
Dessen Haus stand an der Schwarzen Brücke, weshalb sie vom Volk auch Häscherbrücke genannt wurde.

Am 15. Oktober 1998 fand das erste Konzert in der Händelhalle statt. Gespielt wurde Gustav Mahlers 2. Sinfonie „Glaube und Hoffnung“.

A new cultural center was planned for a long time, but not until 1988 building permission was given for the location of the „Spitze“.
On October 15, 1998 the first concert was performed in the „Händelhalle“.

Händelhalle im Aufbau

The „Händelhalle“ under construction

Blick auf die „Spitze“ von der Hallorenbrücke aus, 2005

View towards the „Spitze“ from the „Hallorenbrücke“, 2005

An der Saale hellem Strande – Rive Ufer

Viele Städte in der Welt liegen an einem Fluss. Wasser in der Nähe bedeutet Leben, Bewegungsfreiheit, aber auch Erholungsmöglichkeiten und Spaß. Nicht überall wurde Letzteres rechtzeitig erkannt, manche Ufer in den Städten sind unerreichbar eingemauert.
In Halle kann man kilometerweit neben der Saale spazieren. Wir verdanken diese erfreuliche Tatsache in nicht geringem Maße Richard Robert Rive (Oberbürgermeister in Halle von 1906–1933).
Er sorgte dafür, dass die Saaleufer weitgehend in städtischen Besitz gebracht wurden.

Das Rive-Ufer in den 30er Jahren

The Rive bank in the thirties

Bootsausleihstation Rive-Ufer 2004

Boat rental station on the Rive bank in 2004

In Halle one can walk kilometers along the Saale (river). Former mayor R.R. Rive (1906–1933) saw to it that the Saale banks were brought into the city's ownership to a great extent.

Ziegelwiese

Auch die Saale ist nun keine „giftige Brühe" mehr und man muss sich in ihrer Nähe nicht mehr die Nase zuhalten.
1965 machte das Bootfahren auf der Saale noch Spaß. Später nicht mehr. Halles Oberbürgermeister Hans Pflüger, von 1957–1984 im Dienst, hatte einmal unvorsichtigerweise versprochen, höchstpersönlich in absehbarer Zeit ein Glas Saalewasser zu trinken. Er hat das Versprechen nie wiederholt und vor allem nicht gehalten.

Der Blick zur Ziegelwiese 2004

A somewhat similar view of the „Ziegelwiese" in 2004

Bergschenke am Kröllwitzer Ufer

Blick über das „Pferd" zur Bergschenke am Kröllwitzer Ufer, 30er Jahre

View over the „Pferd" (horse) to the „Bergschenke" (tavern on the hill) on the Kröllwitz bank in the thirties

Nach 1945 wurde aus dem Giebichensteiner Ufer das Rive-Ufer, bevor Richard Robert Rive die Straße für den „Kleinen Trompeter, Fritz Weineck", räumen musste.

Today, the Saale is no longer a poisonous, stinking river. The Giebichensteiner bank was renamed the Rive bank after the former mayor, R.R. Rive.

Die Bergschenke im alten Glanz

The same view in 2005: The „Bergschenke" (tavern on the hill) in old glamour

Burg Giebichenstein

Bis 1870 war auf eine Fähre angewiesen, wer von Kröllwitz nach Giebichenstein wollte. Die Fährstraße erinnert noch heute daran. Der alten Fähre folgten bald Brücken, die „Eiserne", und 1926–1928 die „Fotogene". Ihre danach sinnlose Sprengung 1945 hielt die amerikanischen Soldaten nicht auf, dafür aber alle Zivilisten, die über den Fluss wollten.

Das alte Fährhaus in der Fährenstraße

The old ferry building in the „Fährenstraße"

Halles beliebtestes Postkartenmotiv um 1909

Halle's beloved postcard object around 1909

An Halles schönstem Postkartenmotiv – die „Burg überm Tale" – hat der Zeitgeist mehr oder weniger nur versucht, dem Verfall Einhalt zu gebieten, nicht überall erfolgreich.

Kröllwitzer Brücke nach der Sprengung 1945

The Kröllwitz bridge after it was blown up in 1945

A ferry crossed the Saale from Kröllwitz to „Giebichenstein" until 1870. Then it was replaced with bridges in the same spot. The last one was mindlessly blown up in 1945. This did not stop the American soldiers. But the civilians could not reach the other Saale bank for a long time thereafter.
Fort „Giebichstein" high above the Saale counts as Halle's most beautiful postcard motif.

Der Blick zur Burg Giebichenstein 2004

View towards the fort „Giebichenstein“ in 2004

Kröllwitz von der Saale aus um 1918

Kröllwitz, view from the Saale, around 1918

Rote Dächer und helle Fassaden in Kröllwitz

Red roofs and bright building fronts in Kröllwitz

Solbad und Friseure – Wittekind

Für Leib und Seele, Solbad Wittekind 1911

For body and soul, „Solbad (brine bath) Wittekind" in 1911

Sole, der Rohstoff für das weiße Gold, floss nicht nur im Zentrum Halles aus der Erde, sondern in grauer Vorzeit auch dort, wo später das Kurbad eröffnet wurde. Der Zufall führte 1705 zur Wiederentdeckung der Quelle und zwar durch den spazieren gehenden Kanzlisten Jonas Ilscher. Was ein Beispiel für die Nützlichkeit von Kanzlisten auf Spaziergängen ist. Aus der Quelle Kapital zu schlagen, scheiterte aber zunächst und die Entdeckung geriet erneut in Vergessenheit. 1845 kaufte ein Herr Heinrich Thiele das Grundstück. Im Sommer 1846 öffnete dann „Bad Wittekind" seine Tore und Wasserhähne, reisten Gäste aus Polen, Italien, Rumänien, Österreich, ja sogar aus Australien, Brasilien und Russland an. Am 8. Juli 1945 begann hier das Orchester des Stadttheaters seine Konzertsaison. Und „Wittekind" wurde, auch wenn keine Musik erklang, zu einem beliebten Kaffee- und Kuchentreffpunkt der Hallenser. Später geriet das Wittekind dann in die Hände der Friseure und Kosmetikerinnen ...

Solbad und Friseure – Wittekind

Im Jahre 1977 verließ der letzte Besitzer des Wittekind, VEB Friseur und Kosmetik, das traditionelle hallesche Bad. Ein Nachfolger fand sich nicht, und die Stadt fand sich unverständlicherweise damit ab, dass die Gebäude immer schneller zerbröselten und der Garten verwilderte.

Aber jetzt besteht Hoffnung auf eine Wiedergeburt. Die Stadt hat mit der Solbad Wittekind gGmbH einen Erbpachtvertrag abgeschlossen. Sicherungsmaßnahmen wurden eingeleitet, Baugenehmigungen erteilt. Am 14. Juli 2005 feierte man bei Kaffee und Kuchen den ersten Spatenstich.

In the summer of 1846 „Bad Wittekind" opened its gates. Guests travelled here from Poland, Italy, Rumania, Austria, and even from Australia, Brazil and Russia. Wittekind became later a favorite meeting spot for the people of Halle for coffee and cake.
In 1977, no new tenants were found for the rooms. The city admistration had to face the facts.
On July 14, 2005 the new start was celebrated with coffee and cake. Now there is hope for a new „Bad Wittekind".

Hoffnung auf Besserung! Wittekind 2005

Hopes for improvements! Wittekind in 2005

Und nach uns wird kommen ...? – Rabeninsel

In den letzten Jahren sind aus dem Gesicht Halles viele Risse und Falten verschwunden. Brecht beendet seinen eingangs erwähnten Spruch mit den Worten: „Und nach uns wird kommen – nichts Wesentliches.“

Nicht nur die Bilder von der Rabeninsel beweisen das Gegenteil. Weil man zum Beispiel am Rabeninselwehr ganz sicher auch in hundert Jahren noch Kinder sehen wird.

Am Rabeninselwehr 1930, 1961, 2004

„Rabeninselwehr“ in 1930, 1961, and 2004

The face of Halle has changed frequently over the centuries, and it is not a stone memorial of any specific time. Some things that appeared to have been lost, still shine in old beauty. But some industrial businesses resemble fields of ruins.
But one thing is certain: Even in 100 years you will see children at the „Rabeninselwehr“.

Ebenfalls im Herkules Verlag erschienen

Kurt Wünsch

Tatort Roter Turm – Halle-Krimi
120 Seiten
ISBN 3-937924-07-8
Ein spannender Stadtkrimi mit sozialkritischem Hintergrund